Impressum
Verlag: BABADADA GmbH, Nedderfeld 112 , 22529 Hamburg
Geschäftsführer / Verlagsleitung: Harald Hof
Druck: Books on Demand GmbH, In de Tarpen 42, 22848 Norderstedt

Imprint
Publisher: BABADADA GmbH, Nedderfeld 112 , 22529 Hamburg, Germany
Managing Director / Publishing direction: Harald Hof
Print: Books on Demand GmbH, In de Tarpen 42, 22848 Norderstedt, Germany

1

dijeliti
delen

186/2

tabla
Tafel

učionica
Klassenstuuv

školsko
Schoolho

učitelj, nastavnik
Schoolmeester

papir
Papeer

pisati
schrieven

olovka
Sticken

pisaći sto
Schrievdisch

lenjir
Lienholt

knjiga
Book

torba
Ranzel

pernica
Feddermapp

drvena olovka
Bleesticken

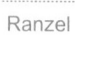

šiljalo za olovke
Scharpmaker

gumica
Radeergummi

blok za crtanje
Tekenblock

crtež

Teken

kist

Pinsel

kutija s bojama

Malkassen

makaze

Scheer

ljepilo

Klever

vježbanka

Heft to'n Öven

domaća zadaća

Huusopgaav

broj

Tall

sabirati

tohooptellen

oduzimati

aftrecken

množiti

malnehmen

računati

reken

slovo

Bookstaav

abeceda

ABC

riječ

Woort

tekst

Text

čitati

lesen

kreda

Kried

sat

Stunn

školski dnevnik

Klassenbook

ispit

Pröven

svjedočanstvo

Tüügnis

školska uniforma

Schooluniform

izobrazba

Utbillen

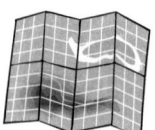

leksikon

Nakieksel

univerzitet

Universität

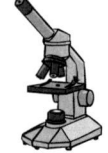

mikroskop

Mikroskop

karta

Koort

korpa za papir

Papeerkorf

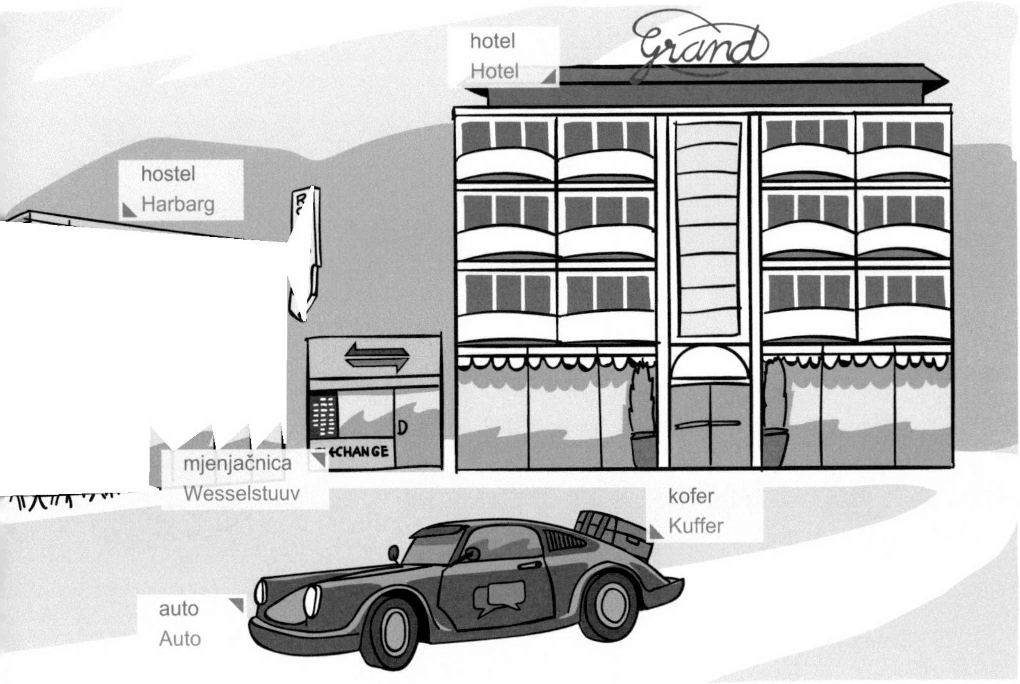

hotel
Hotel
Grand
hostel
Harbarg
mjenjačnica
Wesselstuuv
EXCHANGE
kofer
Kuffer
auto
Auto

jezik

Spraak

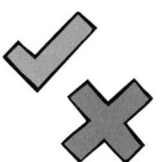

da / ne

jo / ne

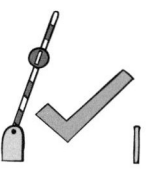

okej

Jo

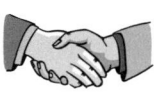

zdravo

Moin

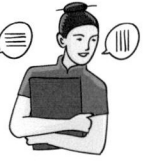

tumač

Översetter

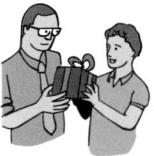

hvala

Dank ok

Koliko košta...?

Wat kost...?

Ne razumijem

Ik verstah nich

problem

Problem

dobro veče!

Goden Avend

Dobro jutro!

Moin!

Laku noć!

Gode Nacht!

doviđenja

Tschüüs

smjer

Richt

prtljag

Bagaasch

torba

Tasch

ruksak

Rüchsack

gost

Gast

soba

Stuuv

vreća za spavanje

Slaapsack

šator

Telt

turističke informacije

Touristeninformatschoon

plaža

Strand

kreditna kartica

Kreditkoort

doručak

Fröhstück

ručak

Meddageten

večera

Avendeten

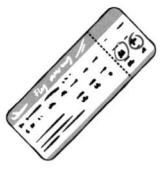

putna karta

Fohrkort

lift

Fohrstohl

poštanska markica

Breefmark

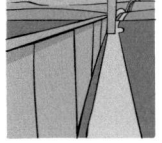

granica

Grenz

carina

Toll

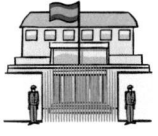

ambasada

Bottschop

viza

Visum

pasoš

Pass

Transport

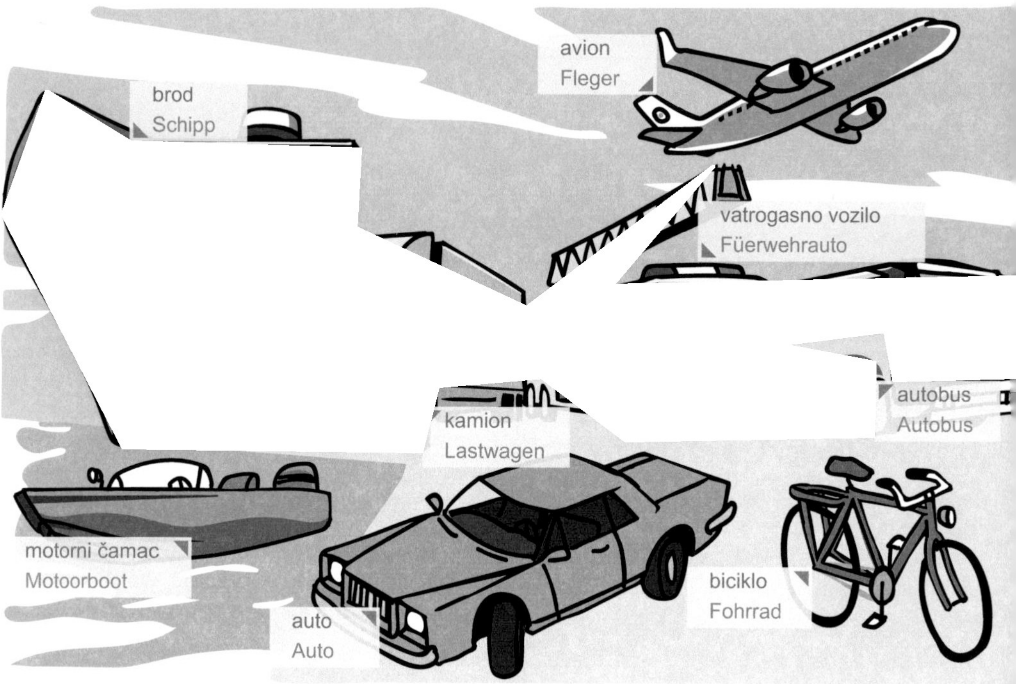
avion
Fleger
brod
Schipp
vatrogasno vozilo
Füerwehrauto
autobus
Autobus
kamion
Lastwagen
motorni čamac
Motoorboot
biciklo
Fohrrad
auto
Auto

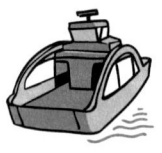

trajekt

Fähr

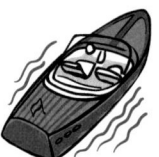

brod

Boot

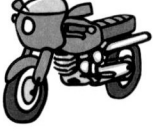

motocikl

Motoorrad

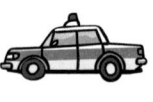

policijski automobil

Polizeiauto

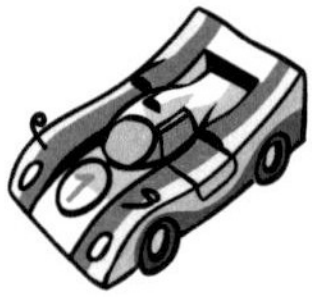

trkaći automobil

Rönnauto

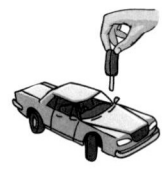

unajmljeni automobil

Lehnwagen

kar-šering

Carsharing

pauk

Afsleepwagen

smećarsko vozilo

Müllauto

motor

Motoor

gorivo

Kraftstoff

benzinska pumpa

Tanksteed

saobraćajni znak

Verkehrsschild

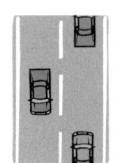

saobraćaj

Verkehr

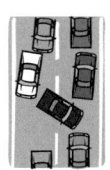

zastoj

Stau

parking

Afstellplatz

željeznička stanica

Bahnhoff

šine

Sporen

voz

Tog

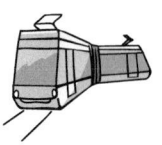

tramvaj

Stratenbahn

vagon

Wagon

helikopter
Dwarsmöhl

aerodrom
Flooghaven

toranj
Tower

putnik
Fohrgast

kontejner
Grootkist

karton
Karton

tačke
Koor

korpa
Korf

poletjeti / sletjeti
starten / lannen

Stadt

selo
Dörp

centar grada
Binnenstadt

kuća
Huus

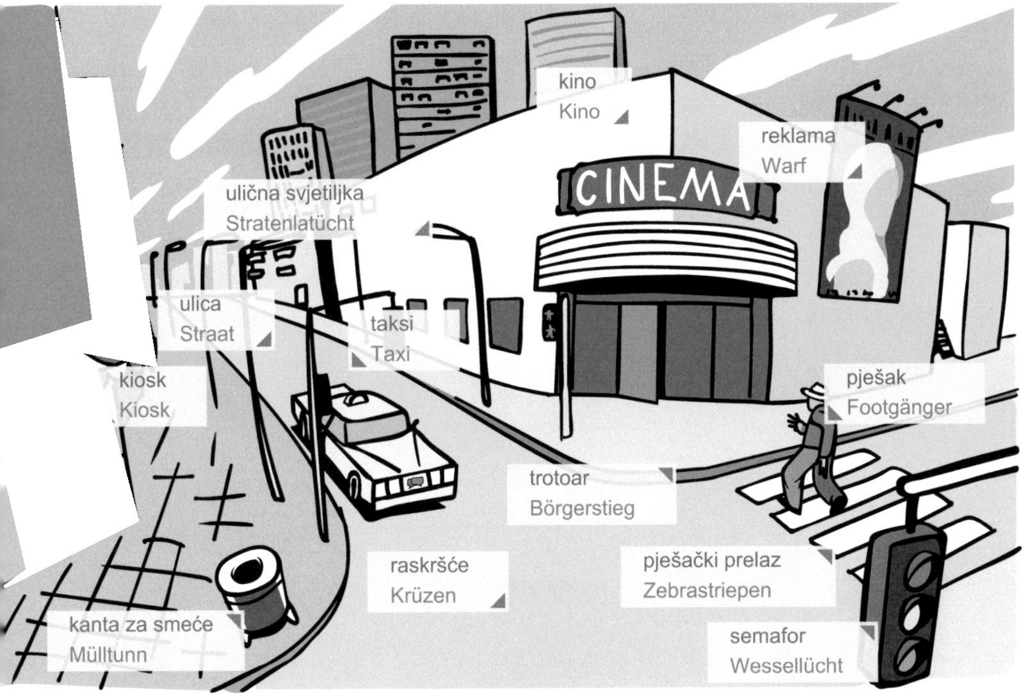

kino
Kino

reklama
Warf

ulična svjetiljka
Stratenlatücht

ulica
Straat

taksi
Taxi

CINEMA

pješak
Footgänger

kiosk
Kiosk

trotoar
Börgerstieg

raskršće
Krüzen

pješački prelaz
Zebrastriepen

kanta za smeće
Mülltunn

semafor
Wessellücht

koliba

Hütt

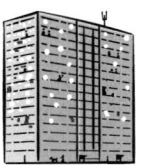

stan

Wahnung

željeznička stanica

Bahnhoff

vjećnica

Raathuus

muzej

Museum

škola

School

univerzitet

Universität

banka

Bank

bolnica

Krankenhuus

hotel

Hotel

apoteka

Afteek

ured

Büro

knjižara

Bookhökerie

radnja

Hökerie

cvjećara

Blomenhökerie

supermarket

Supermarkt

pijaca

Markt

robna kuća

Koophuus

prodavač ribe

Fischhökerie

trgovački centar

Inkoopszentrum

luka

Haven

park

Parkanlaag

klupa

Bank

most

Brüch

stepenice

Trepp

podzemna željeznica

Ünnergrundbahn

tunel

Tunnel

autobuska stanica

Busstoppsteed

bar

Bar

restoran

Spieslokal

poštanski sandučić

Breefkassen

saobraćajni znak

Stratenschild

sat za naplatu parkinga

Parkklock

zoološki vrt

Deertenpark

bazen

Baadanstalt

džamija

Moschee

seosko imanje
Buernhoff

zagađenje okoline
Ümweltversmudden

groblje
Karkhoff

crkva
Kark

igralište
Speelplatz

hram
Tempel

Landschop

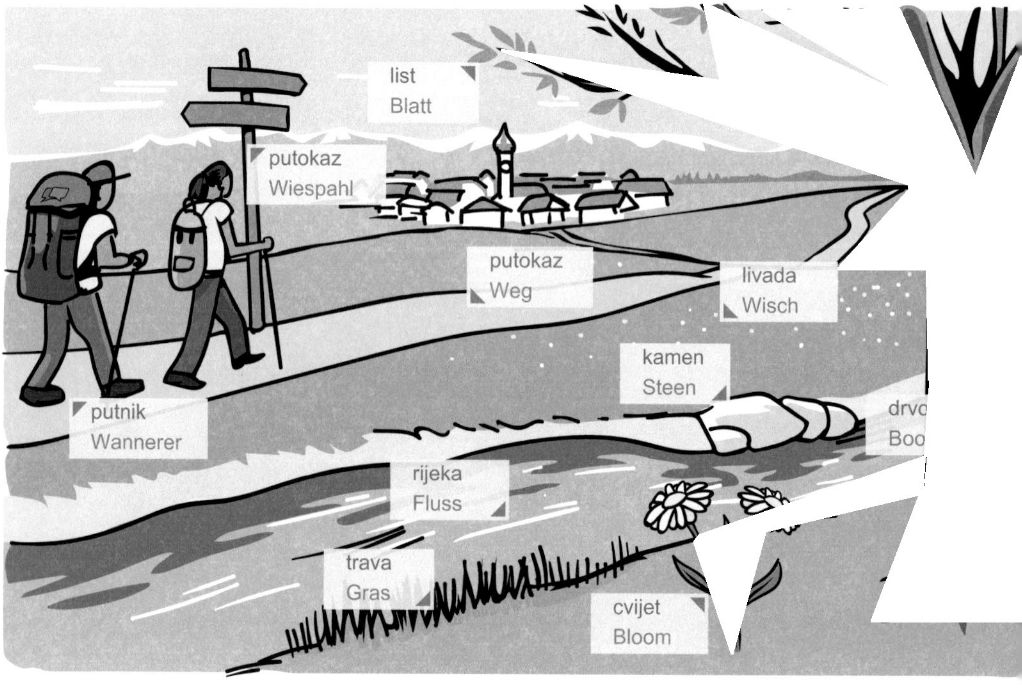

list
Blatt

putokaz
Wiespahl

putokaz
Weg

livada
Wisch

kamen
Steen

drv[o]
Boo[m]

putnik
Wannerer

rijeka
Fluss

trava
Gras

cvijet
Bloom

dolina

Daal

brdo

Barg

jezero

See

šuma

Holt

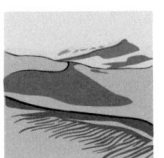

pustinja

Wööst

vulkan

Füerspien Barg

dvorac

Slott

duga

Regenbagen

gljiva

Poggenstohl

palma

Palm

komarac

Steekmück

muha

Fleeg

mrav

Miegeemk

pčela

Imm

pauk

Spinn

buba

Sebber

žaba

Pogg

vjeverica

Katteker

jež

Swienegel

zec

Haas

sova

Uul

ptica

Vagel

labud

Swaan

divlja svinja

Wildswien

jelen

Hirsch

los

Elk

brana

Staudamm

vjetrenjača

Windrad

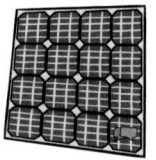

solarni modul

Solarmodul

klima

Klima

Spieslokal

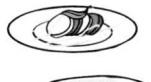

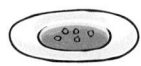

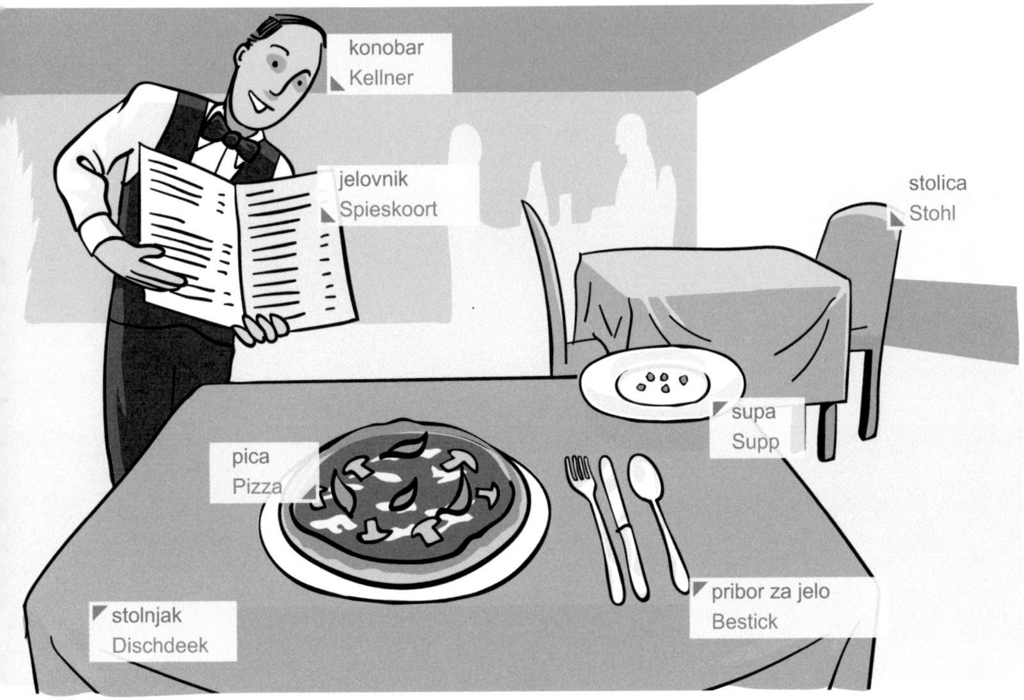
konobar
Kellner
jelovnik
Spieskoort
stolica
Stohl
supa
Supp
pica
Pizza
pribor za jelo
Bestick
stolnjak
Dischdeek

predjelo

Vörspies

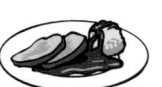

glavno jelo

Haupteten

desert

Nadisch

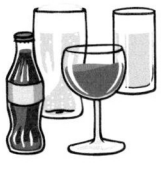

piće

Drünk

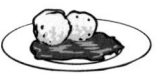

jelo

Eten

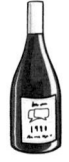

flaša

Buddel

brza hrana

Fastfood

jelo sa ulice

Strateneten

čajnik

Teekann

šećernica

Zuckerdoos

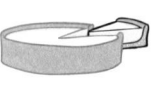

porcija

Portschoon

mašina za espreso

Espressomaschien

barska stolica

Hoochstohl

račun

Reken

tacna

Tablett

nož

Mess

viljuška

Gavel

kašika

Lepel

kašičica

Teelepel

salveta

Munddook

čaša

Glas

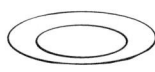

tanjir

Töller

tanjir za supu

Suppentöller

tanjurić

Ünnertass

sos

Sooß

solanik

Soltstreuer

mlin za biber

Pepermöhl

sirće

Etig

ulje

Ööl

začini

Krüder

kečap

Ketchup

senf

Mostrich

majoneza

Mayonnaise

Supermarkt

ponuda
Anbott
klijent
Kunn
mliječni proizvodi
Melkprodukten
voće
Aaft
kolica za kupovinu
Inkoopswagen
FOR

BUTCHERS

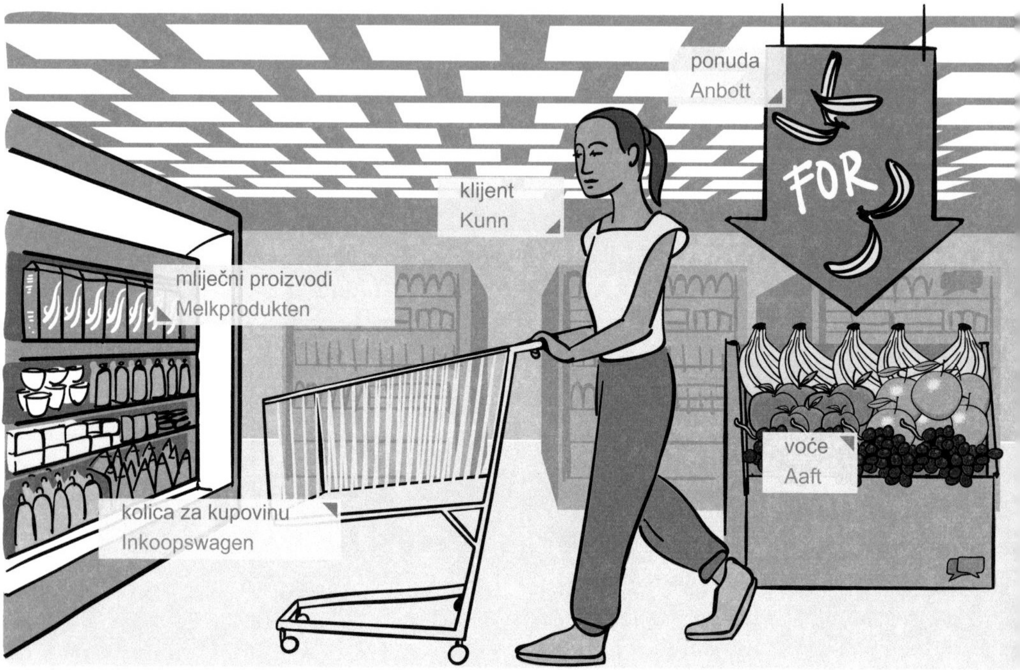

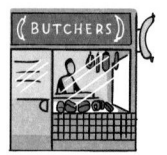

mesnica- klaonica

Slachterie

BAKERY

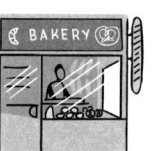

pekara

Bäckerie

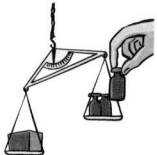

vagati

wegen

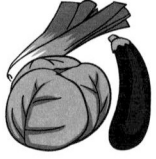

povrće

Gröönsaken

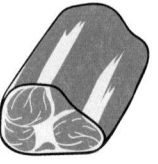

meso

Fleesch

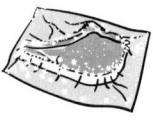

zaleđena hrana

Deepköhlkost

narezak

Opsnitt

konzerve

Konserven

prašak za veš

Waschmiddel

slatkiši

Snoopkraam

kućanski proizvodi

Huushooltssaken

sredstvo za čišćenje

Reinmaaktüüch

prodavačica

Verköpersche

kasa

Kass

blagajnik

Kasserer

lista za kupovinu

Inkoopslist

radno vrijeme

Opsparrtieden

novčanik

Breeftasch

kreditna kartica

Kreditkoort

torba

Tasch

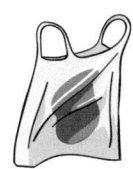

najlonska vrećica

Plastiktüüt

voda

Water

sok

Saft

mlijeko

Melk

kola

Cola

vino

Wien

pivo

Beer

alkohol

Spriet

kakao

Kakao

čaj

Tee

kafa

Koffie

espreso

Espresso

kapućino

Cappucino

banana

Banaan

jabuka

Appel

narandža

Appelsien

lubenica

Meloon

limun

Zitroon

mrkva

Wöttel

bijeli luk

Knuuvlook

bambus

Bambus

crveni luk

Zibbel

gljiva

Poggenstohl

orašasti plodovi

Nööt

pasta

Nudeln

špagete

Spaghetti

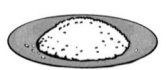

riža

Ries

salata

Salat

pomfrit

Pommes frites

pečeni krompir

Braadkantüffeln

pica

Pizza

hamburger

Hamborger

sendvič

Sandwich

šnicla

Snitzel

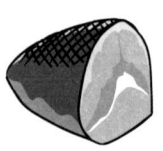

šunka

Schinken

kobasica

Salami

kobasica

Wust

kokoš

Hohn

pečenje

Braden

riba

Fisch

zobene pahuljice

Haverflocken

muzli

Müsli

kornfleks

Cornflakes

brašno

Mehl

kroason

Croissant

zemičke

Rundstück

kruh

Broot

tost

Toast

keksi

Keksen

maslac

Botter

svježi sir

Quark

kolač

Koken

jaje

Ei

jaje na oko

Spegelei

sir

Kees

sladoled
Ies

šećer
Zucker

med
Honnig

marmelada
Marmelaad

nugat krema
Nougat-Creme

kuri
Curry

Buernhoff

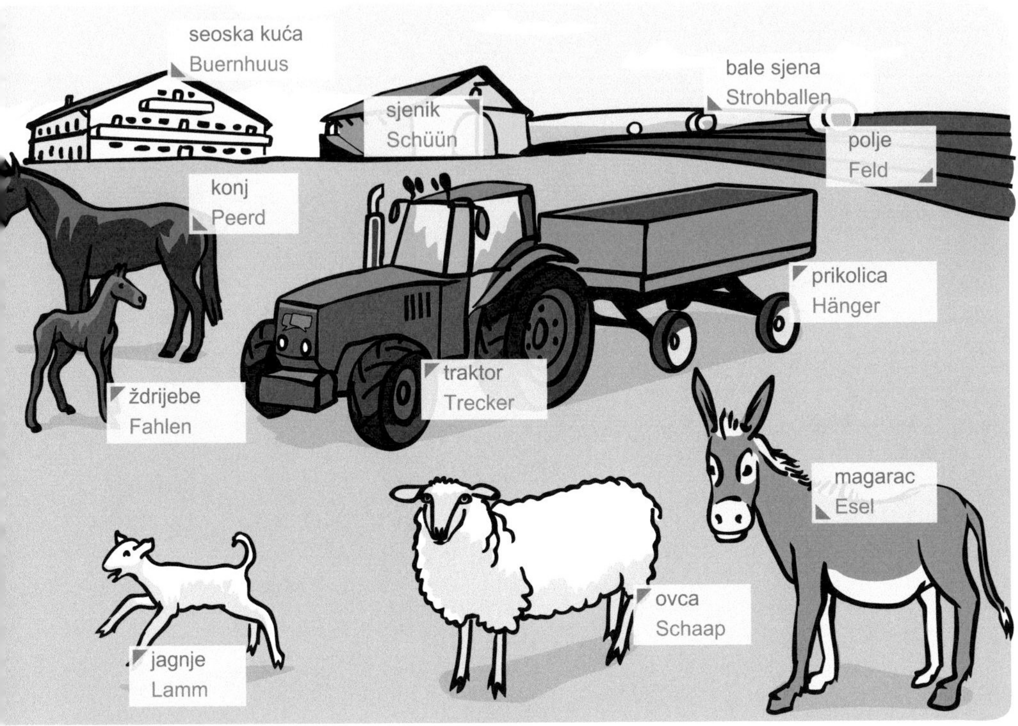

seoska kuća
Buernhuus
sjenik
Schüün
bale sjena
Strohballen
polje
Feld
konj
Peerd
prikolica
Hänger
traktor
Trecker
ždrijebe
Fahlen
magarac
Esel
ovca
Schaap
jagnje
Lamm

koza

Zeeg

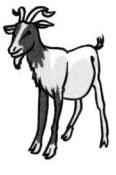

krava

Koh

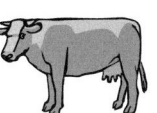

tele

Kalf

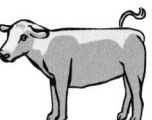

svinja

Swien

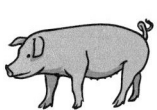

prase

Farken

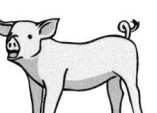

bik

Bull

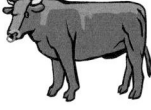

guska
Goos

patka
Aant

pile
Küken

kokoška
Hohn

pjetao
Hahn

pacov
Rott

mačka
Katt

miš
Muus

vol
Oss

pas
Hund

pseća kućica
Hunnenhütt

crijevo za baštu
Goornslauch

kanta za zalijevanje
Geetkann

kosa
Lee

plug
Ploog

srp

Sich

motika

Hack

vile

Mestfork

sjekira

Ext

tačke

Schuufkoor

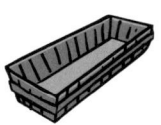

korito

Trog

bokal za mlijeko

Melkkann

vreća

Sack

ograda

Tuun

štala

Stall

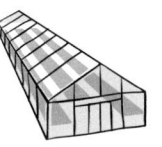

staklenik

Drievhuus

tlo

Bodden

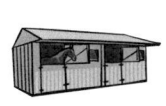

sjeme

Saat

đubrivo

Dünger

kombajn

Meihdöscher

kositi

oornen

žetva

Oorn

jam korijen

Yamswöttel

pšenica

Weten

soja

Soja

krompir

Kantüffel

kukuruz

Törksche Weten

uljana repica

Rapp

drvo voća

Aaftboom

manioka

Troopsch Kantüffel

žito

Koorn

dimnjak
Schosteen

krov
Dack

oluk
Regenrönn

prozor
Finster

vrata
Döör

kanta za smeće
Müllemmer

poštanski sandučić
Breefkassen

bašta
Goorn

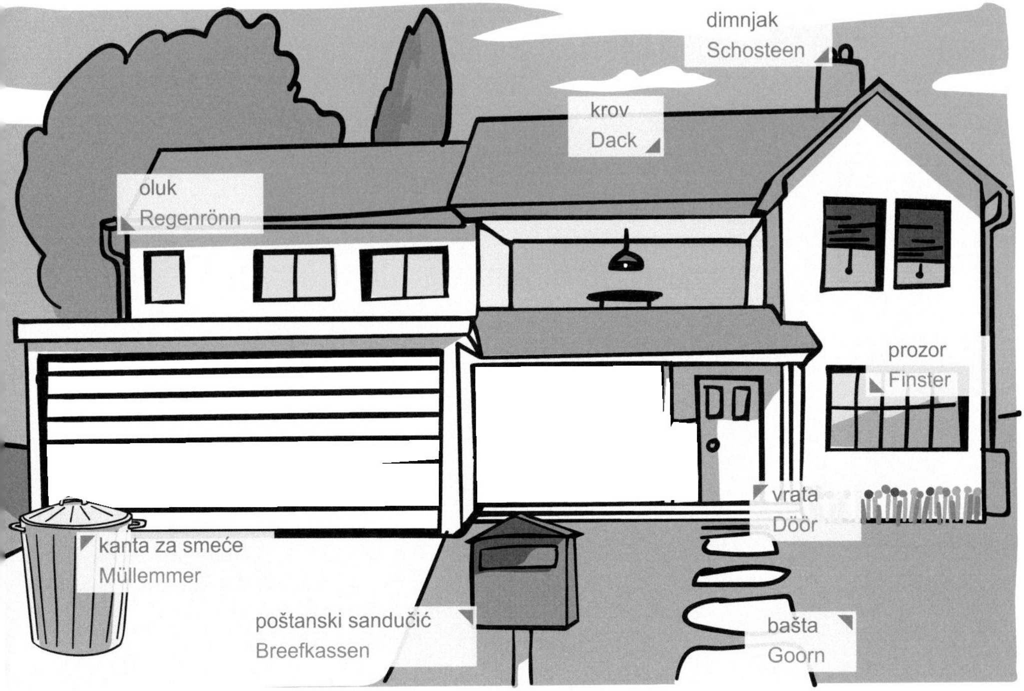

dnevni boravak

Wahnstuuv

kupatilo

Baadstuuv

kuhinja

Köök

spavaća soba

Slaapstuuv

dječija soba

Kinnerstuuv

trpezarija

Eetstuuv

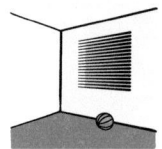

pod, tlo

Footbodden

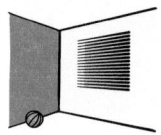

zid

Wand

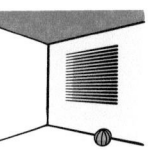

plafon

Deek

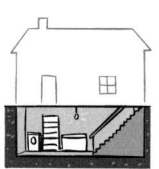

podrum

Keller

sauna

Hittluftbad

balkon

Balkon

terasa

Terrass

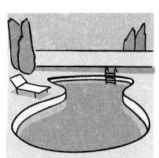

bazen

Swümmbad

kosilica

Rasenmeiher

posteljina

Bettbetog

pokrivač

Bettdeek

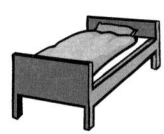

krevet

Puuch

metla

Bessen

kanta

Emmer

prekidač

Schalter

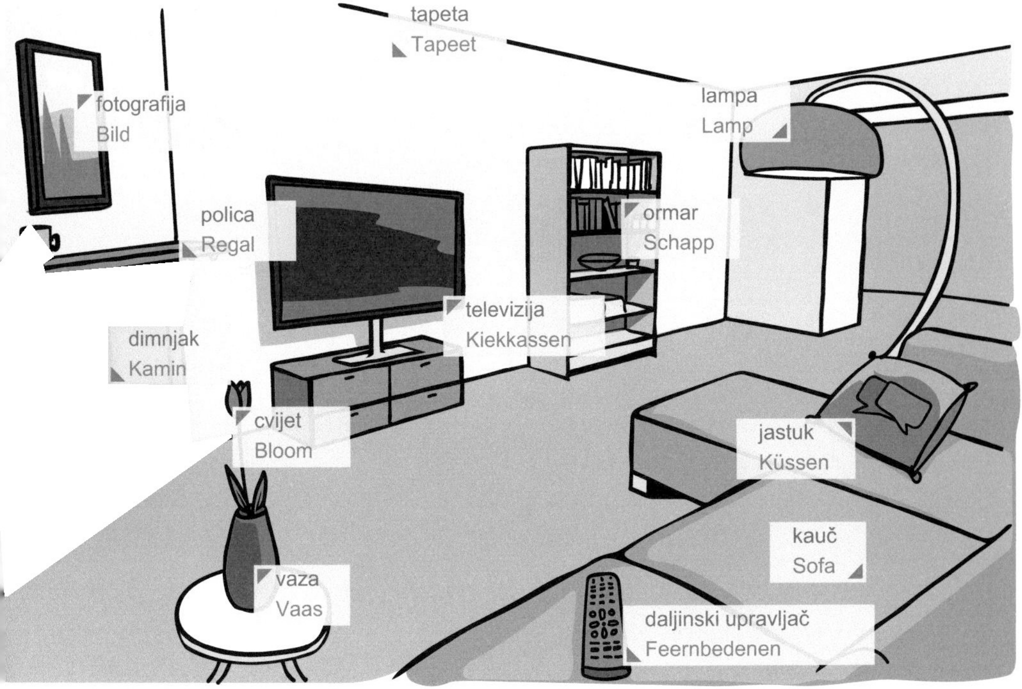

tapeta
Tapeet

fotografija
Bild

lampa
Lamp

polica
Regal

ormar
Schapp

dimnjak
Kamin

televizija
Kiekkassen

cvijet
Bloom

jastuk
Küssen

kauč
Sofa

vaza
Vaas

daljinski upravljač
Feernbedenen

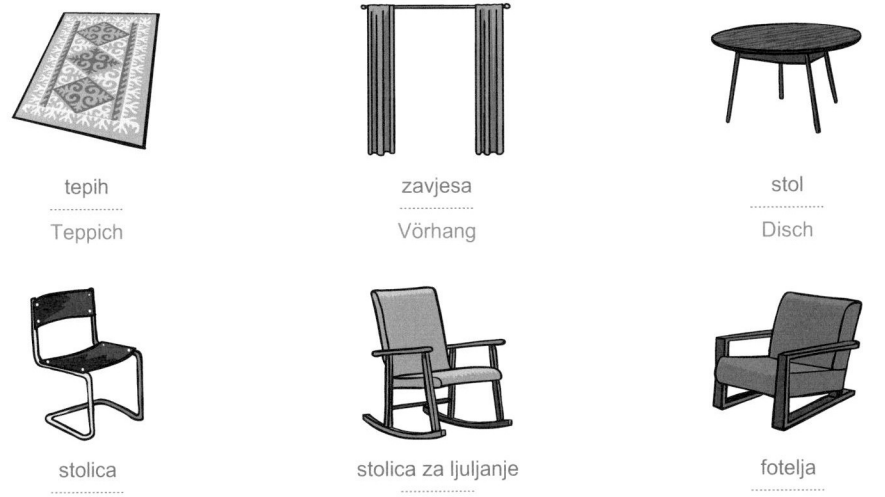

tepih	zavjesa	stol
Teppich	Vörhang	Disch

stolica	stolica za ljuljanje	fotelja
Stohl	Schuckelstohl	Sessel

knjiga

Book

deka

Deek

dekoracija

Dekoratschoon

ložno drvo

Füerholt

film

Film

stereo uređaj

Stereoanlaag

ključ

Slötel

novine

Narichtenblatt

umjetnička slika

Gemälde

poster

Poster

radio

Radio

blok za bilješke

Opschrievblock

usisavač

Huulbessen

kaktus

Kaktus

svijeća

Kars

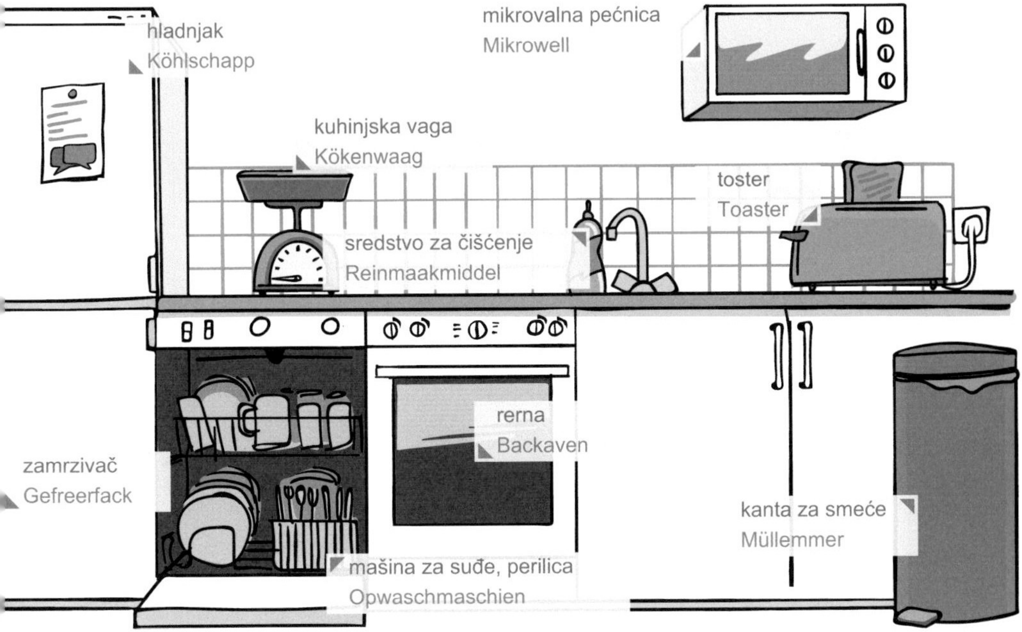

hladnjak
Köhlschapp

mikrovalna pećnica
Mikrowell

kuhinjska vaga
Kökenwaag

toster
Toaster

sredstvo za čišćenje
Reinmaakmiddel

rerna
Backaven

zamrzivač
Gefreerfack

kanta za smeće
Müllemmer

mašina za suđe, perilica
Opwaschmaschien

peć

Heerd

lonac

Pott

metalni lonac

Gussiesern Putt

vok / kadai

Wok / Kadai

tava, tiganj

Pann

kuhalo

Waterkaker

aparat za kuhanje na pari

Dampkaakputt

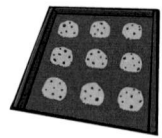

lim za pečenje

Backblick

posuđe

Geschirr

šalica

Beker

činija

Schaal

kineski štapići

Eetsticken

kutlača

Suppenkell

lopatica

Pannenwenner

metlica za snijeg bjelanjca

Sneebessen

sito za kuhanje

Kaakseef

sito

Seef

ribež

Riev

avan s tučkom

Mörser

roštilj

Grill

ložište

Füerstell

daska

Sniedbrett

oklagija

Nudelholt

vadičep

Proppentrecker

konzerva

Doos

otvarač za konzerve

Dosenaapner

krpe za lonac

Pottlappen

sudoper

Waschbecken

četka

Böst

spužva

Swamm

mikser

Mixer

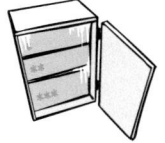

zamrzivač

lesschapp

flašica za bebu

Nuckelbuddel

slavina

Waterhahn

Baadstuuv

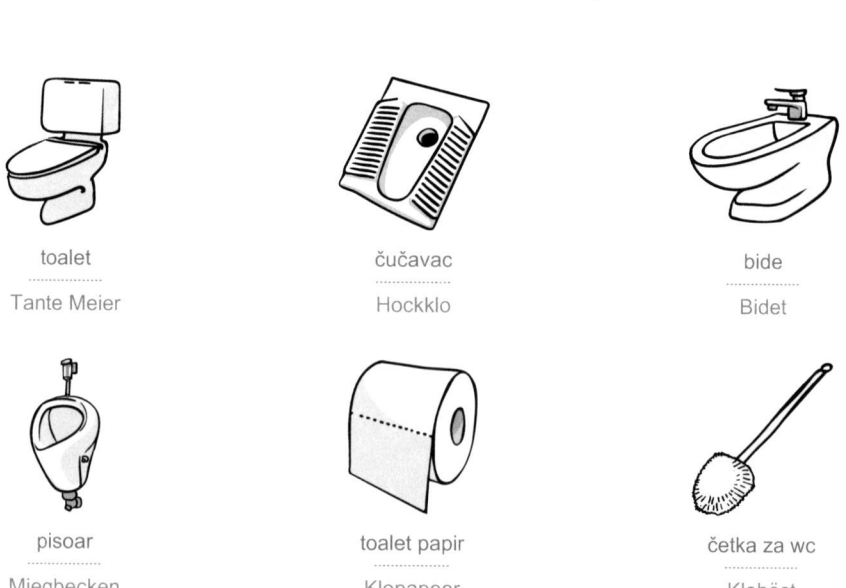

grijanje
Heizung
tuš
Bruus
peškir
Handdook
zavjesa za tuš
Bruusvörhang
pjenušava kupka
Schuumbad
kada
Baadwann
čaša
Glas
mašina za veš
Waschmaschien
slavina
Waterhahn
pločice
Fliesen
dječja kahlica
lütte Putt
sudoper
Waschbecken

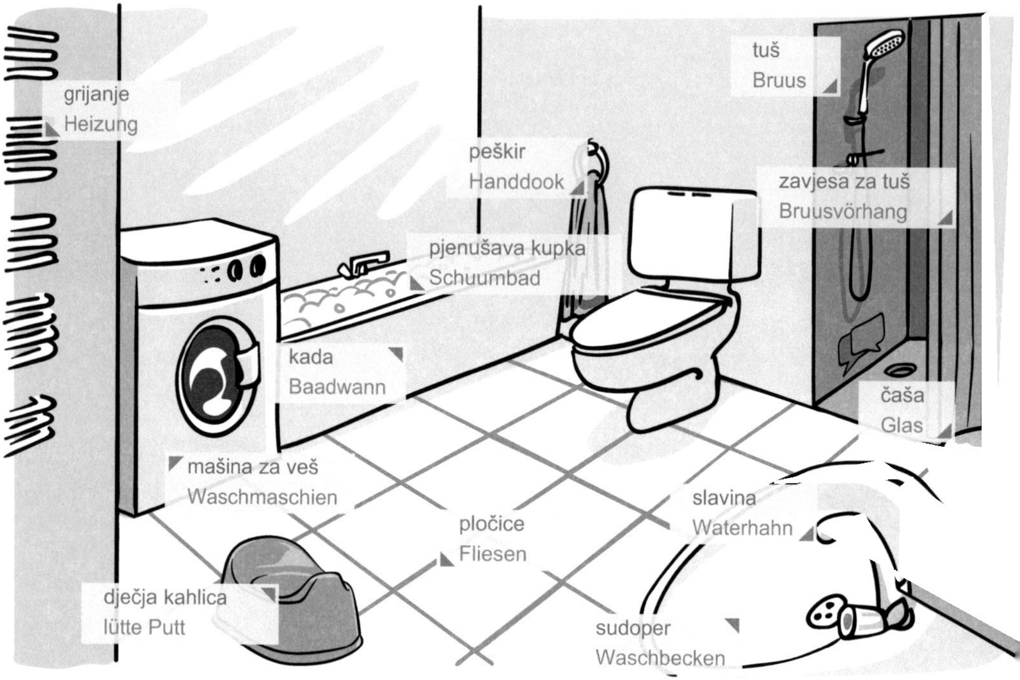

toalet

Tante Meier

čučavac

Hockklo

bide

Bidet

pisoar

Miegbecken

toalet papir

Klopapeer

četka za wc

Kloböst

četkica za zube

Tähnböst

pasta za zube

Tähnpast

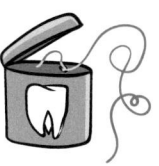

zubni konac

Tähnsied

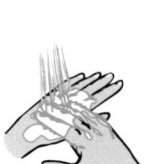

prati

waschen

tuš

Handbruus

intimni tuš

Intimbruus

lavor

Waschschöttel

četka za leđa

Rüchböst

sapun

Seep

gel za tuširanje

Bruusgeel

šampon

Hoorwaschmiddel

krpe za pranje

Waschlappen

odvod

Afloop

krema

Creme

dezodorans

Deodorant

ogledalo

Spegel

ogledalo za šminkanje

Kosmetikspegel

brijač

Raserer

pjena za brijanje

Raseerschuum

vodica poslije brijanja

Raseerwater

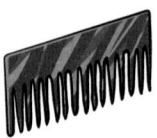

češalj

Kamm

četka

Böst

fen

Hoordröger

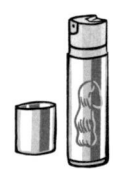

sprej za kosu

Hoorspray

puder

Smink

karmin

Lippensticken

lak za nokte

Nagellack

vata

Watt

makazice za nokte

Nagelscheer

parfem

Rüükwater

kozmetička torbica

Kulturbüdel

hoklica

Schemel

vaga

Waag

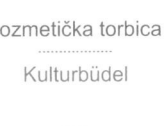

kupaći ogrtač

Baadmantel

rukavice za čišćenje

Gummihanschen

tampon

Tampon

uložak za dame

Damenbinn

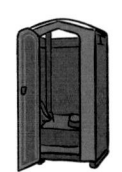

hemijski toalet

Chemieklo

Kinnerstuuv

budilnik
Wecker
plišana igračka
Knudeldeert
auto za igru
Speeltüüchauto
zvečka
Klöter
kućica za lutke
Poppenhuus
poklon
Geschenk

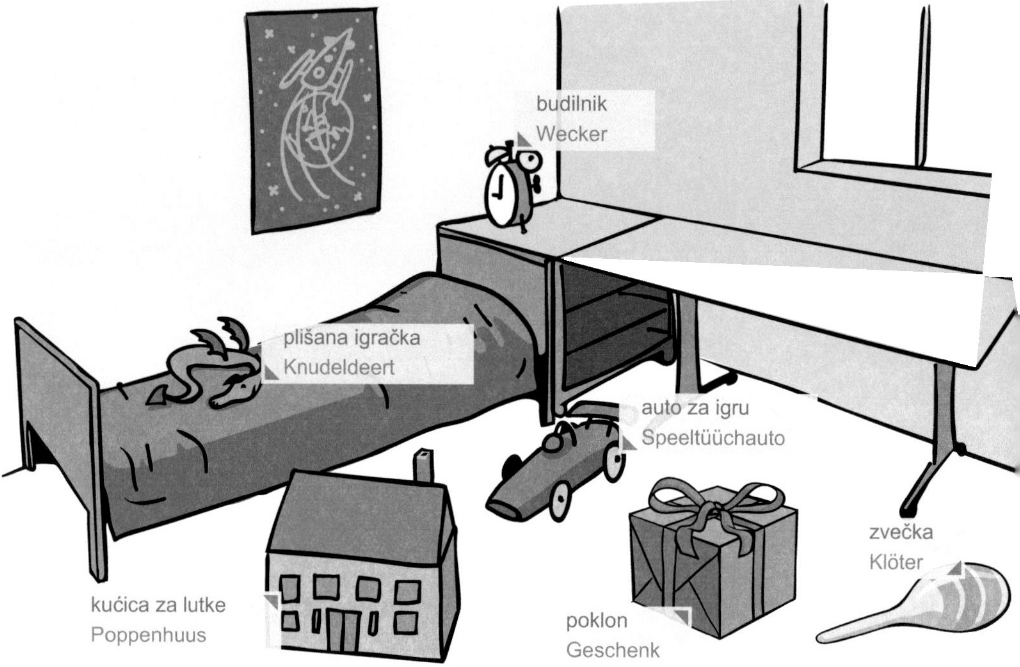

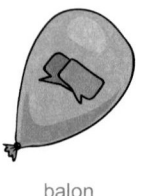

balon

Luftballon

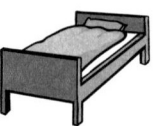

krevet

Puuch

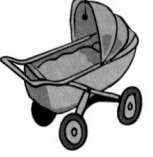

kolica za djecu

Kinnerwagen

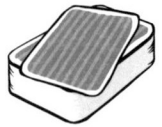

karte za igranje

Koortenspeel

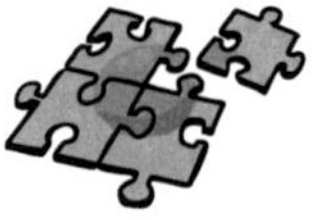

puzle

Puzzle

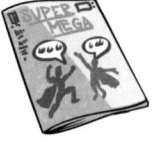

strip

Billergeschicht

lego kockice

Legostenen

kockice za gradnju

Bustenen

akcione figure

Action-Figur

benkica

Strampelantog

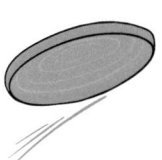

frizbi

Frisbeeschiev

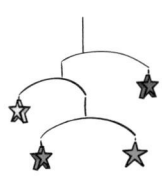

mobile

Mobile

igra na ploči

Brettspeel

kocka

Wörpel

miniatura željeznice

Modelliesenbahn

cucla

Snuller

zabava

Party

slikovnica

Billerbook

lopta

Ball

lutka

Popp

igrati

spelen

pješćanik

Sandkassen

ljuljačka

Schuckel

igračke

Speeltüüch

konzola za igru

Speelkonsool

triciklo

Dreerad

medvjedić

Teddyboor

ormar

Klederschapp

kratke čarape

Socken

čarape

Strümp

hulahopke

Strumpbüx

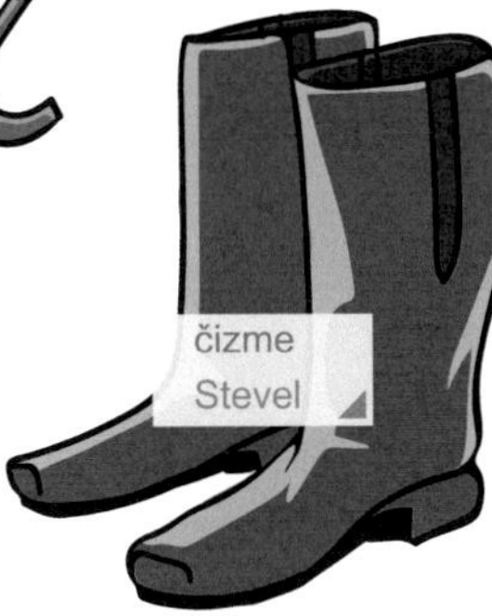

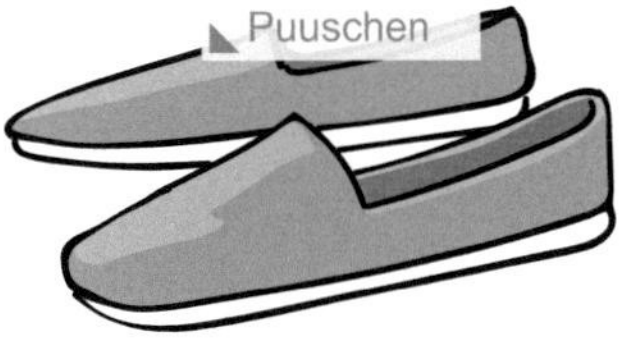

šal
Halsdook

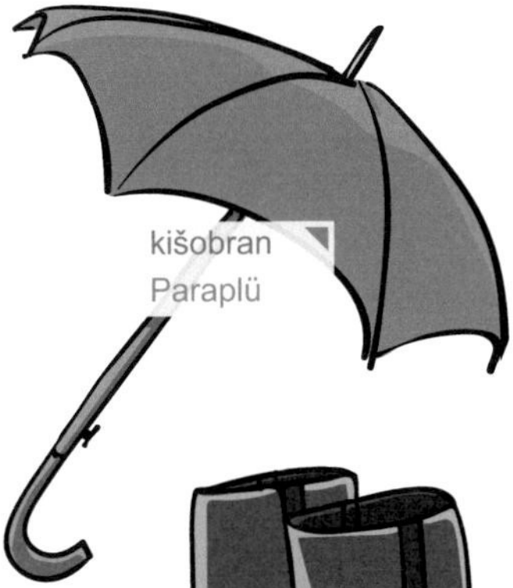

kaiš
Liefreem

kišobran
Paraplü

majica kratkih rukava
T-Shirt

patike
Turnschoh

čizme
Stevel

papuče
Puuschen

sandale
Sandalen

cipele
Schoh

gumene čizme
Gummistevel

gaće
Ünnerbüx

grudnjak
Bostholler

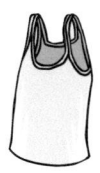

potkošulja
Ünnerhemd

bodi
Lief

hlače
Büx

farmerke
Jeansnüx

suknja
Rock

bluza
Bluus

košulja
Hemd

džemper
Pullover

majica
Kapuzenpullover

sako
Blazer

jakna
Jack

mantil
Mantel

kišni mantil
Övertrecker

kostim
Kostüm

haljina
Kleed

vjenčanica
Hochtietskleed

odijelo

Antog

spavaćica

Nachtkleed

pidžama

Slaapantog

sari

Sari

marama

Koppdook

turban

Turban

burka

Burka

kaftan

Kaftan

abaja

Abaya

kupaći kostim

Baadantog

kupaće gaće

Baadbüx

kratke hlače

Korte Büx

trenerka

Antog to'n Öven

pregača

Schört

rukavice

Handschoh

dugme

Knopp

naočare

Brill

narukvica

Armband

ogrlica

Halskeed

prsten

Ring

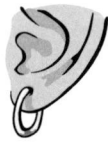

naušnica

Ohrbummel

kapa

Mütz

vješalica

Klederbögel

šešir

Hoot

kravata

Binner

patentni zatvarač

Rietslüter

kaciga

Helm

tregeri za hlače

Drachtband

školska uniforma

Schooluniform

uniforma

Uniform

podbradak
....
Severböten

cucla
....
Snuller

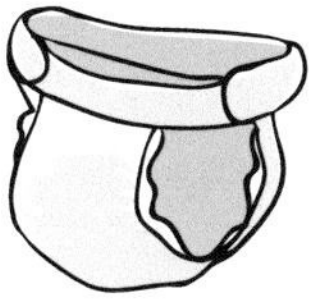

pelene
....
Winnel

Büro

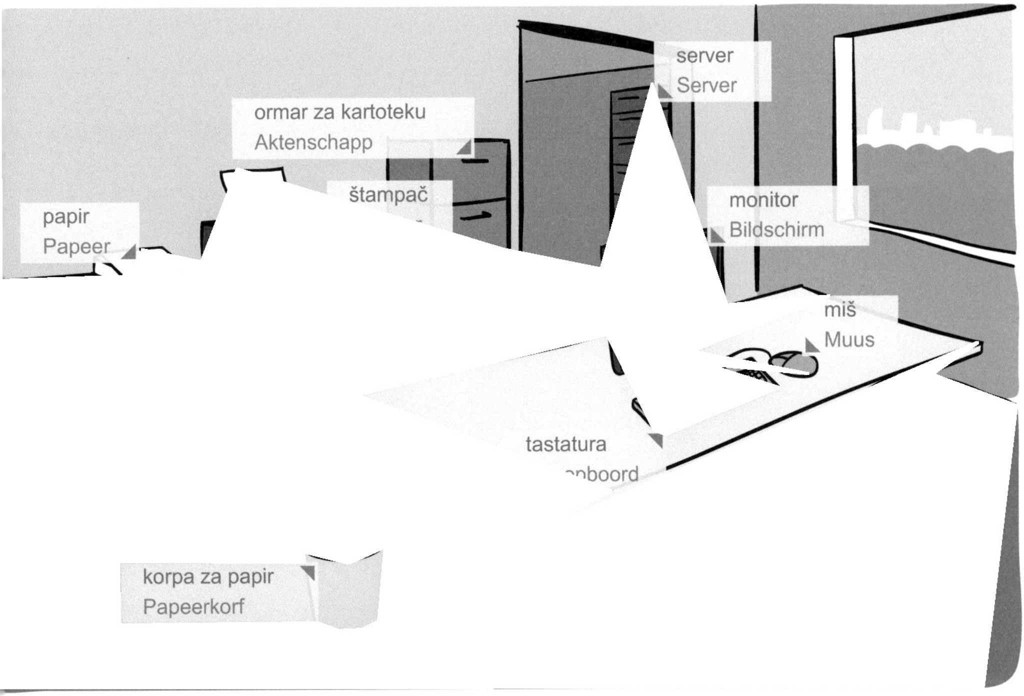

papir
Papeer

ormar za kartoteku
Aktenschapp

štampač

server
Server

monitor
Bildschirm

miš
Muus

tastatura
~nboord

korpa za papir
Papeerkorf

šolja za kafu
....
Koffiebeker

kalkulator
....
Taschenreekner

internet
....
Internet

laptop

Klappreekner

pismo

Breef

poruka

Naricht

mobilni telefon

Ackersnacker

mreža

Nettwark

aparat za kopiranje

Kopeerapparat

softver

Software

telefon

Klöönkassen

utičnica

Steekdoos

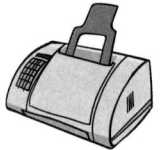

faks

Faxapparat

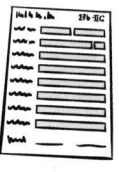

formular

Formulor

dokument

Dokument

kupovati

köpen

platiti

betahlen

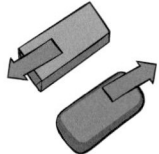

trgovati

hanneln

novac

Geld

USD

dolar

Dollar

EUR

euro

Euro

JPY

jen

Yen

RUB

rublja

Ruvel

CHF

franak

Swiezer Franken

CNY

renminbi jen

Renminbi Yuan

INR

rupi

Rupie

bankomat

Geldautomat

mjenjačnica

Wesselstuuv

zlato

Gold

srebro

Sülver

nafta

Ööl

energija

Energie

cijena

Pries

ugovor

Verdrag

porez

Stüer

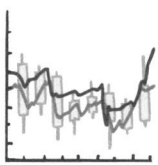

akcija

Andeelschien

raditi

arbeiden

službenik

Anstellte

poslodavac

Arbeitgever

fabrika

Fabrik

radnja

Hökerie

Profeschonen

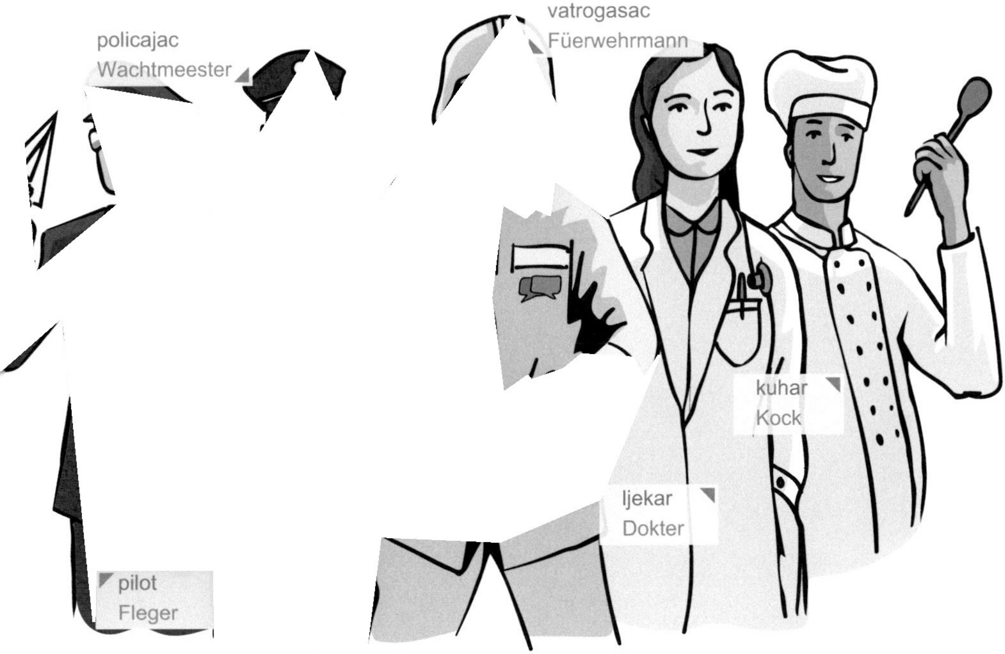

policajac
Wachtmeester
vatrogasac
Füerwehrmann
kuhar
Kock
ljekar
Dokter
pilot
Fleger

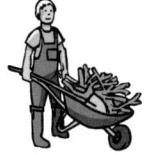

baštovan

Goorner

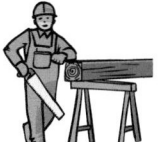

stolar

Discher

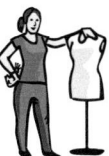

krojačica

Neihersche

sudija

Richter

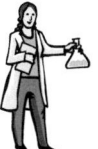

hemičar

Chemiker

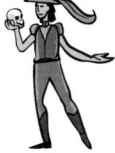

glumac

Schauspeler

vozač autobusa

Busfohrer

vozač taksija

Taxifohrer

ribar

Fischer

čistačica

Reinmaakfru

krovopokrivač

Dackdecker

konobar

Kellner

lovac

Jäger

moler

Maler

pekar

Bäcker

električar

Elektriker

građevinski radnik

Buarbeider

inženjer

Ingenieur

koljač

Slachter

limar, vodoinstalater

Klempner

poštar

Postbüdel

vojnik

Suldat

arhitekta

Architekt

blagajnik

Kasserer

cvjećar

Florist

frizer

Putzbüdel

kontrolor

Schaffner

mehaničar

Mechaniker

kapiten

Kaptein

zubar

Tähndokter

naučnik

Wetenschopler

rabin

Rabbi

imam

Imam

monah

Mönk

sveštenik

Paap

čekić
Hamer

kliješta
Tang

izvijač
Schruvendreiher

vijčani ključ
Schruvenslötel

džepna lampa
Taschenlamp

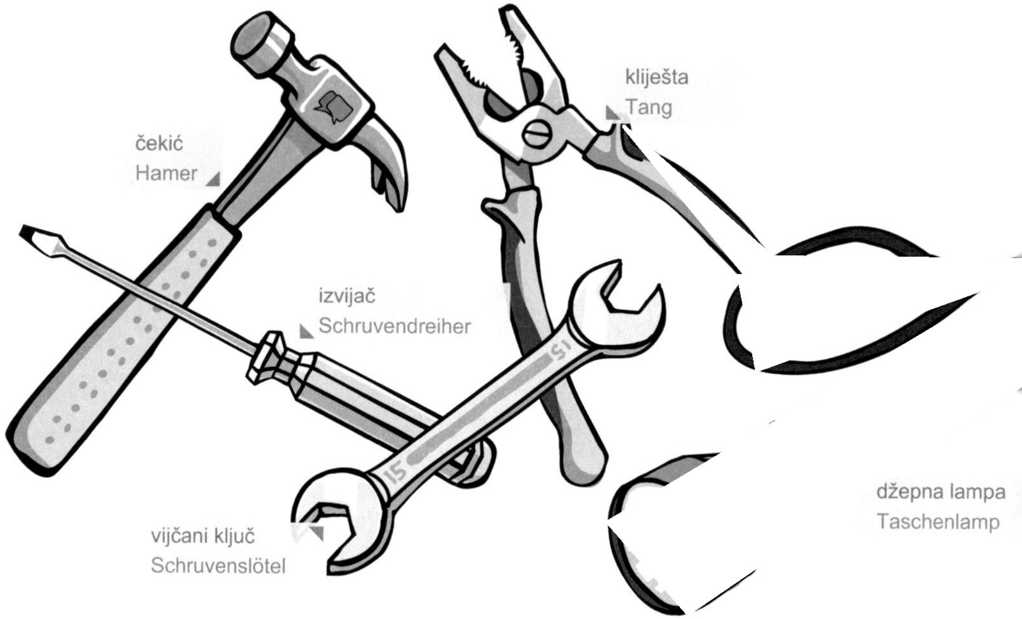

bager
Grieper

kutija sa alatom
Warktüüchkassen

ljestve
Ledder

testera, pila
Saag

ekser
Nagels

bušilica
Bohrer

popraviti

heelmaken

lopata

Schüffel

sranje!

Schiet!

lopatica

Kehrblick

kanta boje

Farvpott

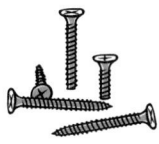

vijak

Schruven

Musikinstrumenten

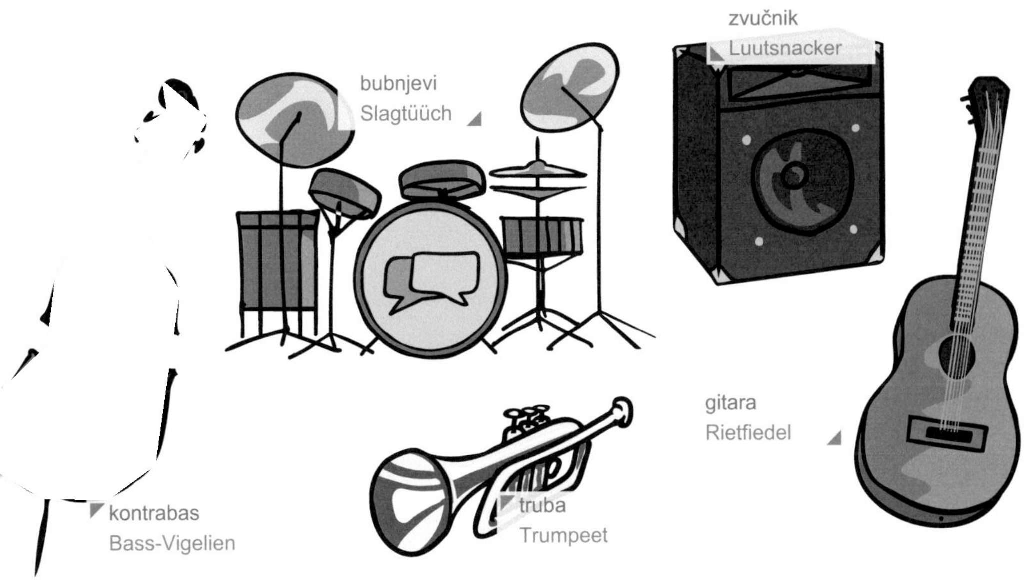

zvučnik
Luutsnacker

bubnjevi
Slagtüüch

gitara
Rietfiedel

kontrabas
Bass-Vigelien

truba
Trumpeet

klavir
Klaveer

violina
Vigelien

bas
Bass

bubanj timpani
Pauk

bubanj
Trummeln

sintisajzer
Keyboard

saksofon
Saxophon

flauta
Fleut

mikrofon
Mikrofoon

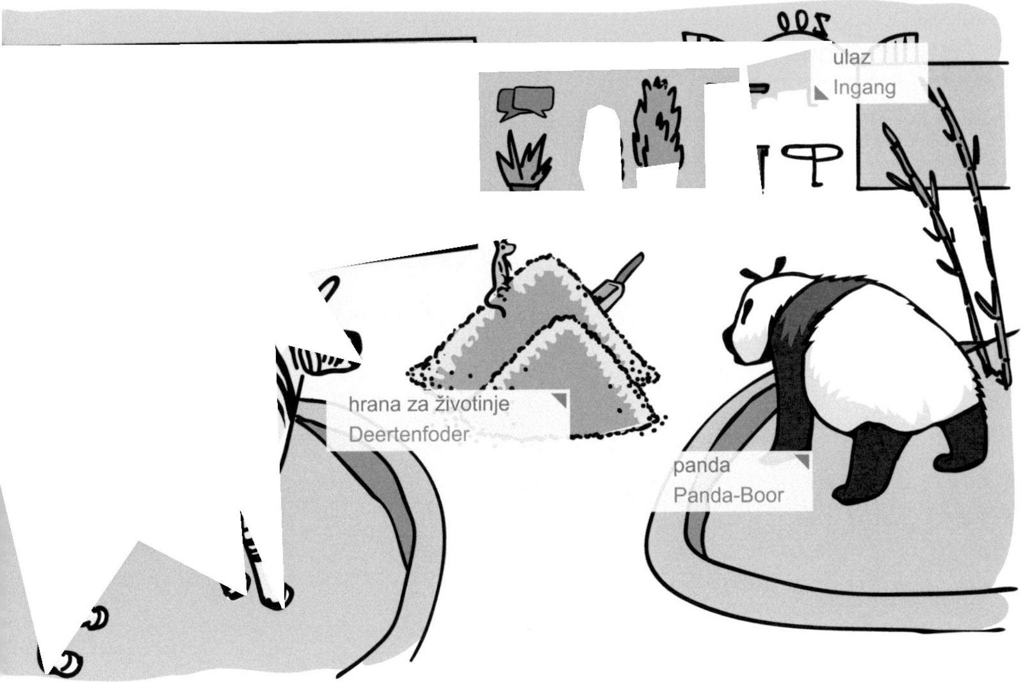

ulaz
Ingang

hrana za životinje
Deertenfoder

panda
Panda-Boor

| životinje | slon | kengur |
| Deerten | Elefant | Känguru |

| nosorog | gorila | medvjed |
| Neeshoorn | Gorilla | Boor |

kamila

Kameel

noj

Struuß

lav

Lööv

majmun

Aap

flamingo

Flamingo

papagaj

Papagoi

polarni medvjed

Iesboor

pingvin

Pinguin

morski pas

Haifisch

paun

Pageluun

zmija

Slang

krokodil

Krokodil

čuvar u zološkom vrtu

Oppasser in'n Deertenpark

tuljan

Saalhund

jaguar

Jaguor

poni

Pony

leopard

Leopard

nilski konj

Nilpeerd

žirafa

Giraff

orao

Aadler

divlja svinja

Wildswien

riba

Fisch

kornjača

Schildkrööt

morž

Walross

lisica

Voss

gazela

Gazell

američki fudbal
Amerikaansch Football

vožnja bicikla
Radfohren

tenis
Tennis

košarka
Korfball

plivanje
Swümmen

boks
Boxen

hokej na ledu
Ieshockey

fudbal
Football

bedminton
Fedderball

laka atletika
Leichtathletik

rukomet
Handball

skijanje
Skilopen

polo
Polo

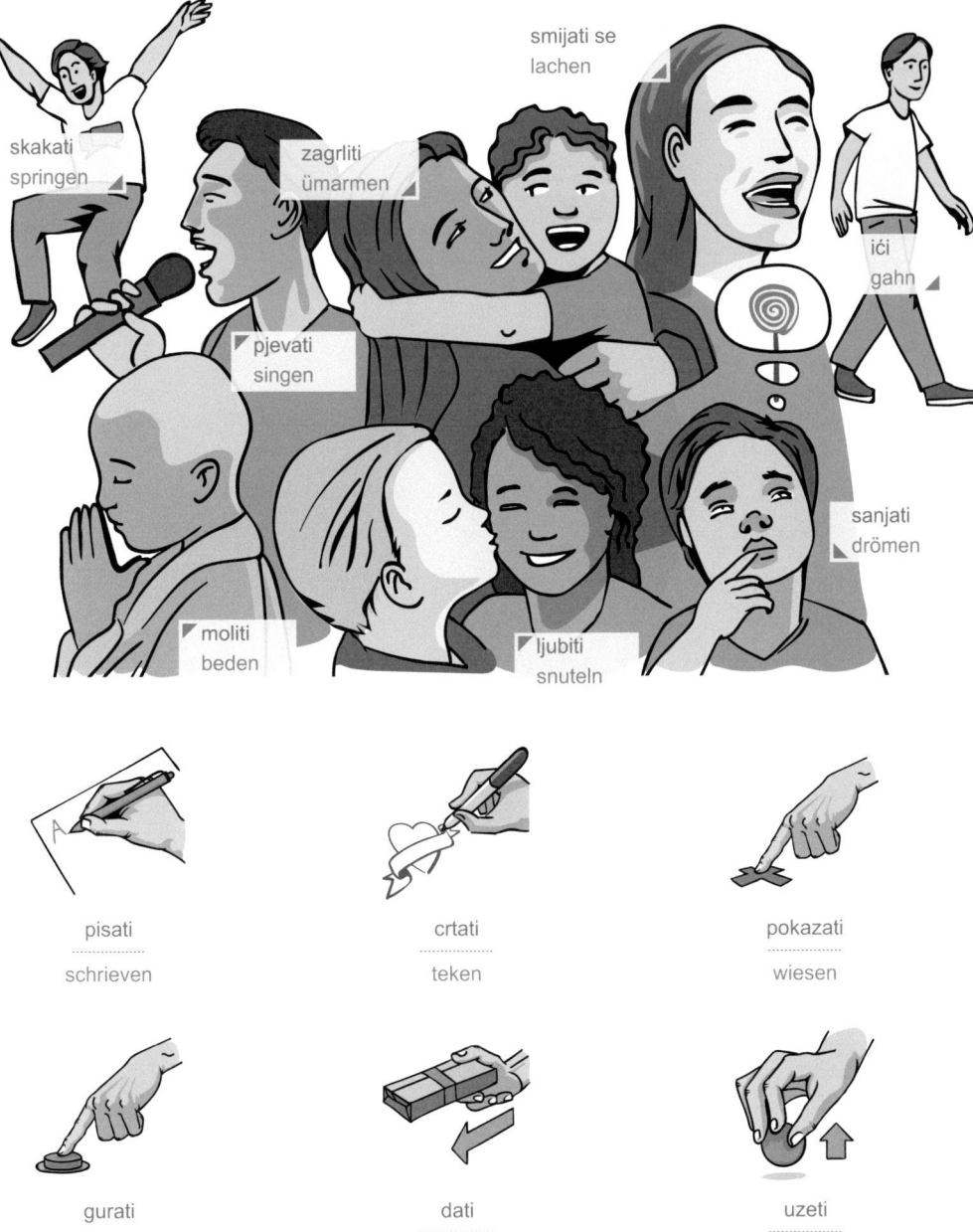

skakati
springen

zagrliti
ümarmen

smijati se
lachen

ići
gahn

pjevati
singen

sanjati
drömen

moliti
beden

ljubiti
snuteln

pisati	crtati	pokazati
schrieven	teken	wiesen

gurati	dati	uzeti
drücken	geven	nehmen

imati

hebben

raditi

doon

biti

sien

stajati

stahn

trčati

lopen

vući

trecken

baciti

smieten

pasti

fallen

ležati

liggen

čekati

töven

nositi

dregen

sjediti

sitten

obući

antrecken

spavati

slapen

probuditi

opwaken

pogledati

ankieken

plakati

wenen

milovati

eien

češljati

kämmen

govoriti

snacken

razumjeti

verstahn

pitati

fragen

slušati

hören

piti

drinken

jesti

eten

pospremiti

oprümen

voljeti

leefhebben

kuhati

kaken

voziti

fohren

letjeti

flegen

jedriti

segeln

računati

reken

čitati

lesen

učiti

lehren

raditi

arbeiden

vjenčavti

de Plünnen tohoopsmieten

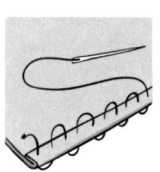

šiti

neihen

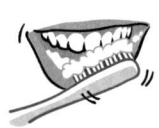

prati zube

Tähnen putzen

ubiti

dootmaken

pušiti

smöken

slati

schicken

baka
Grootmoder

beba
Winnelkind

djed
Grootvadder

otac
Vadder

majka
Moder

kćerka
Dochter

sin
Söhn

gost

Gast

ujna, tetka, strina

Tant

ujak, tetak, stric

Unkel

brat

Broder

sestra

Süster

čelo
Vörkopp

oko
Oog

leđa
Schuller

prst
Finger

lice
Gesicht

brada
Kinn

ruka, šaka
Hand

grudi
Bost

noga
Been

ruka
Arm

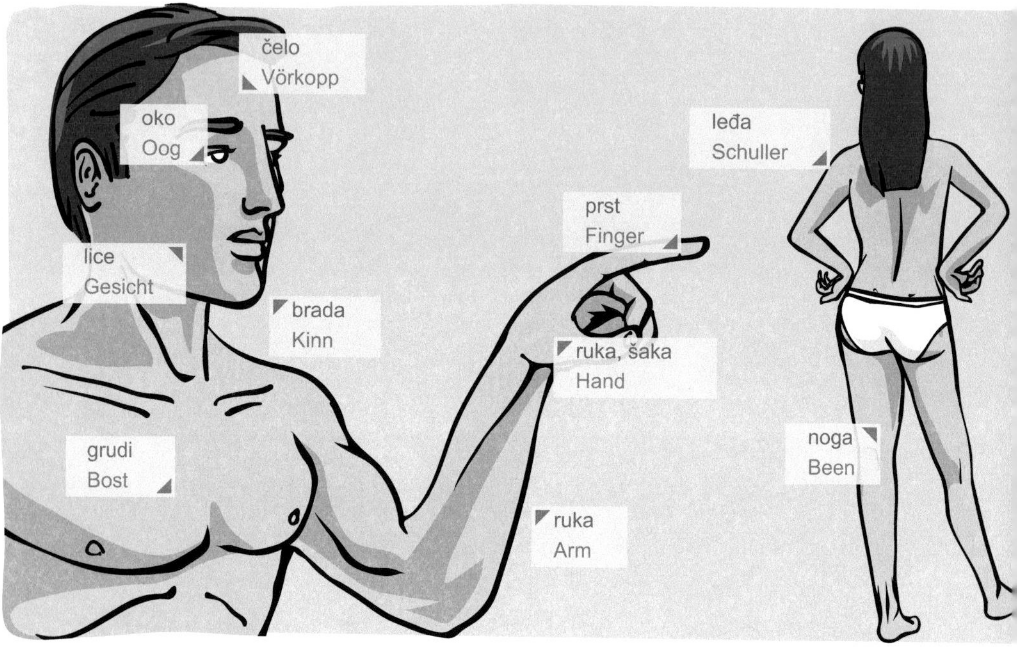

beba
Winnelkind

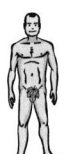

muškarac
Mann

žena
Fro

djevojčica
Deern

dječak
Jung

glava
Arm

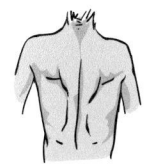

leđa
Rüch

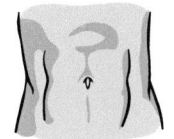

stomak
Buuk

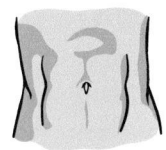

pupak
Navel

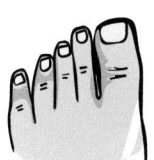

nožni prst
Teh

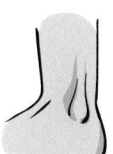

peta
Hack

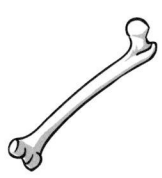

kosti
Knaken

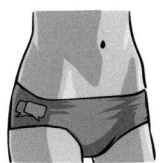

kuk
Hüft

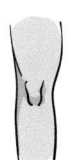

koljeno
Knee

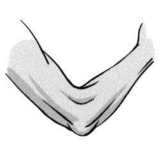

lakat
Ellbagen

nos
Nees

stražnjica
Achtersen

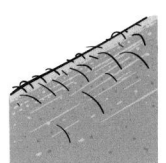

koža
Huut

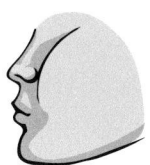

obraz
Back

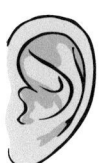

uho
Ohr

usna
Lipp

usta

Mund

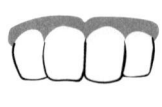

zub

Tähn

jezik

Tung

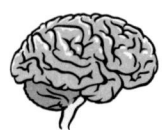

mozak

Bregen

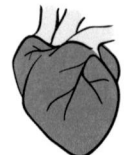

srce

Hart

mišić

Muskel

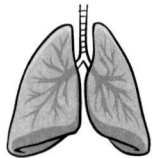

pluća

Lung

jetra

Lever

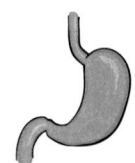

želudac

Maag

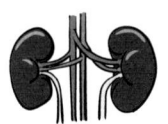

bubreg

Neren

spolni odnos

Bislaap

kondom

Kondoom

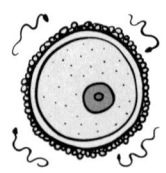

jajna ćelija

Eizell

sperma

Sperma

trudnoća

Anner Ümstänn

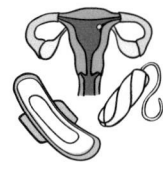

menstruacija

Menstruatschoon

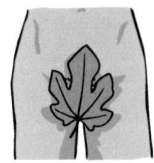

vagina

Scheed

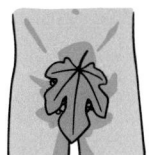

penis

Pint

obrva

Ogenbroe

kosa

Hoor

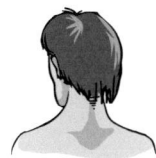

vrat

Hals

Krankenhuus

bolnica
Krankenhuus
bolničko vozilo
Krankenwagen
invalidska kolica
Rullstohl
lom
Bruch

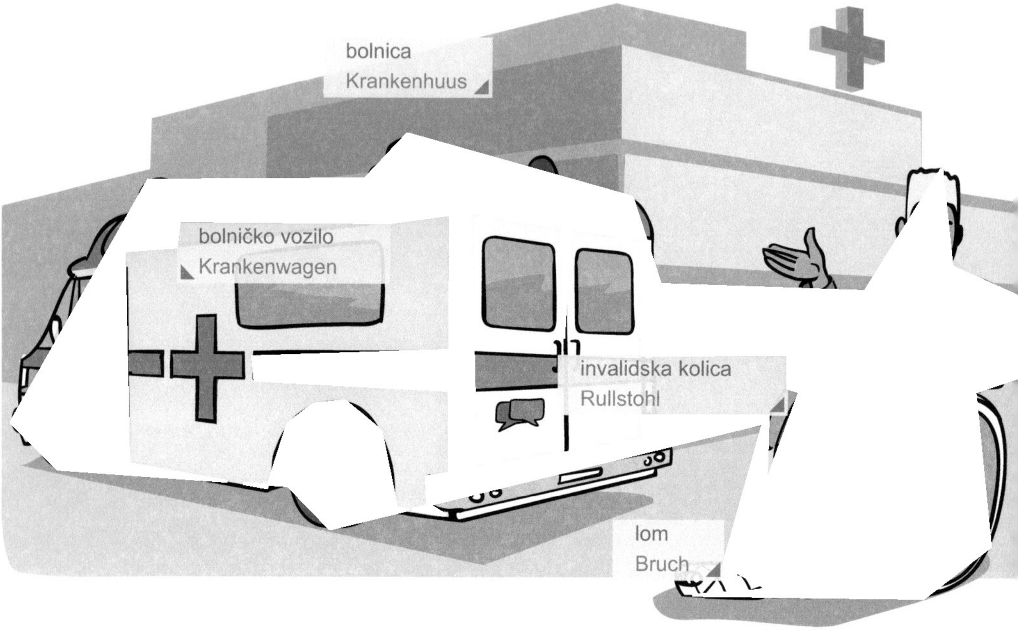

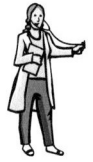

ljekar

Dokter

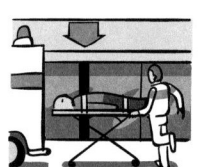

hitna služba

Nootopnahm

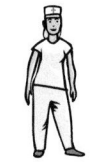

medicinska sestra

Krankensüster

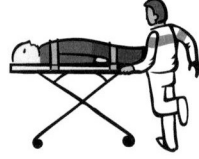

hitna pomoć

Nootfall

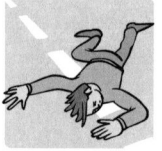

nesvjest

ahnmächtig

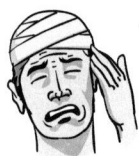

bol

Wehdaag

povreda

Verwunnen

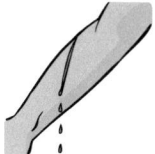

krvarenje

Blöden

srčani udar, infarkt

Hartinfarkt

moždani udar

Slaganfall

alergija

Allergie

kašalj

Hoosten

groznica

Fever

gripa

Gripp

proljev

Dörchfall

glavobolja

Koppwehdaag

rak

Kreeft

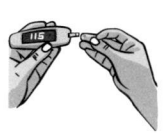

dijabetes

Zuckersüük

hirurg

Chirurg

skalpel

Chirurgsch Mess

operacija

Operatschoon

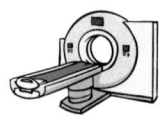

CT

CT

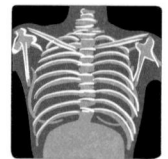

rendgen

Dörchlüchten

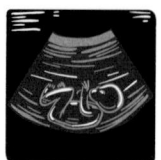

ultrazvuk

Ultraschall

maska

Mask

bolest

Krankheit

čekaonica

Töövruum

štake

Krück

flaster

Plaaster

zavoj

Verband

injekcija

Insprütten

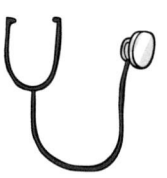

stetoskop

Stethoskop

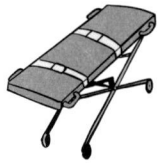

nosilo

Draag

termometar

Feverthermometer

porod

Geboort

prekomjerna težina, debljina

Övergewicht

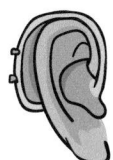

slušni aparat

Höörapparat

sredstvo za dezinfekciju

Kiemfriemiddel

infekcija

Ansteken

virus

Virus

HIV/ AIDS

HIV / AIDS

medicina

Heelmiddel

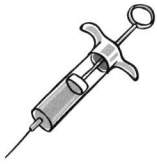

vakcinacija

Impen

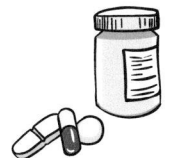

tablete

Tabletten

pilula

Pill

hitni poziv

Nootroop

aparat za mjerenje pritiska

Blootdruck-Meter

bolestan / zdrav

krank / gesund

Upomoć!

Hölp!

alarm

Alarm

napad, prepad

Överfall

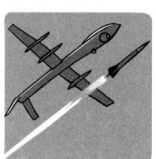

napad

Angreep

opasnost

Gefohr

izlaz u slučaju opasnosti

Nootutgang

Požar!

Füer!

vatrogasni aparat

Füerlöscher

nezgoda

Unfall

torba prve pomoći

Noothölpkoffer

SOS

SOS

policija

Polizei

Europa

Europa

Sjeverna Amerika

Noordamerika

Južna Amerika

Süüdamerika

Afrika

Afrika

Azija

Asien

Australija

Australien

Atlantik

Atlantik

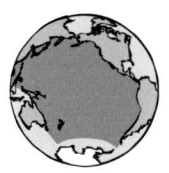

Pacifik

Pazifik

Indijski okean

Indisch Weltmeer

Antarktički okean

Antarktisch Weltmeer

Arktički okean

Arktisch Weltmeer

Sjeverni pol

Noordpol

Južni pol
Süüdpol

Antarktik
Antarktis

Zemlja
Eerd

zemlja
Land

more
See

ostrvo
Eiland

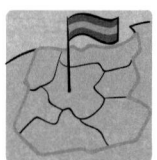

nacija
Natschoon

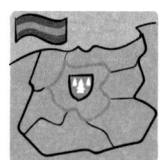

država
Staat

brojčanik sata

Tallenblatt

kazaljka sata

Stunnenwieser

kazaljka minute

Minutenwieser

kazaljka sekunde

Sekunnenwieser

Koliko je sati?

Wo laat is dat?

dan

Dag

vrijeme

Tiet

sada

nu

digitalni sat

digetaalsch Klock

minuta

Minuut

sat

Stunn

Week

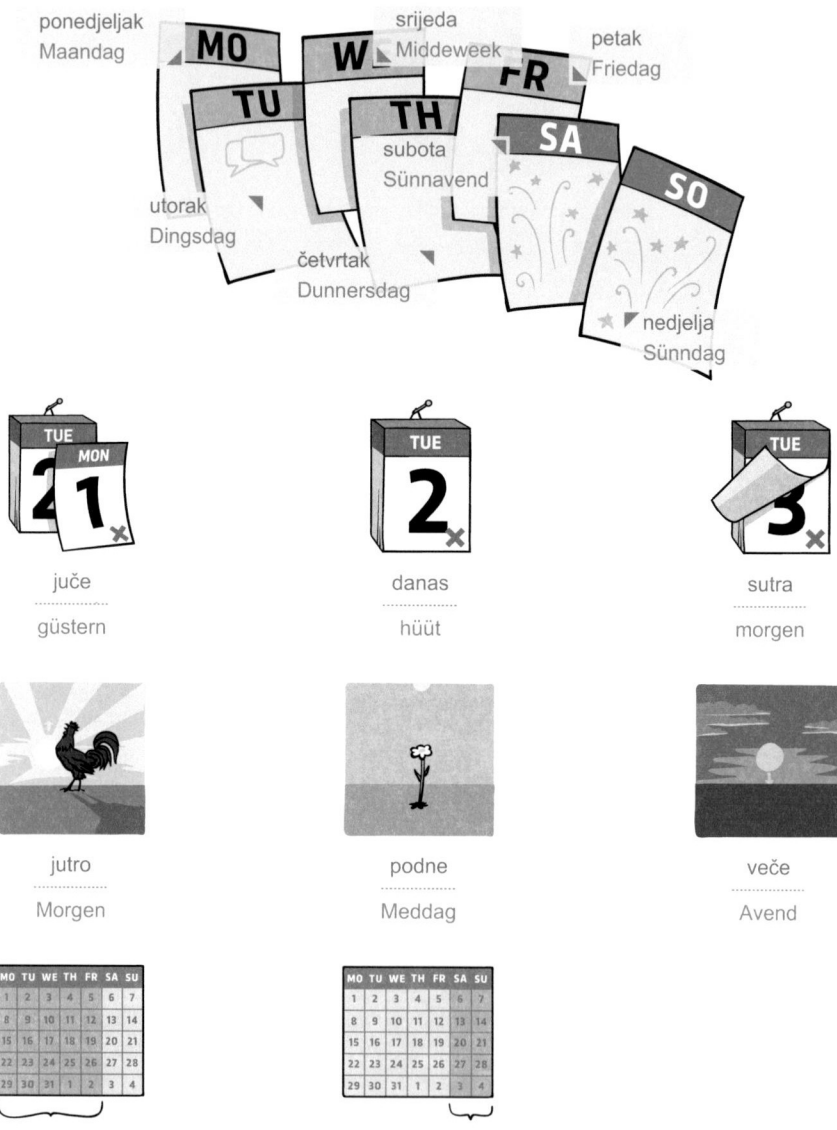

ponedjeljak
Maandag

MO

TU

utorak
Dingsdag

W srijeda
Middeweek

TH

četvrtak
Dunnersdag

FR petak
Friedag

subota
Sünnavend

SA

SO

nedjelja
Sünndag

juče
güstern

danas
hüüt

sutra
morgen

jutro
Morgen

podne
Meddag

veče
Avend

radni dani
Arbeitsdaag

vikend
Wekenenn

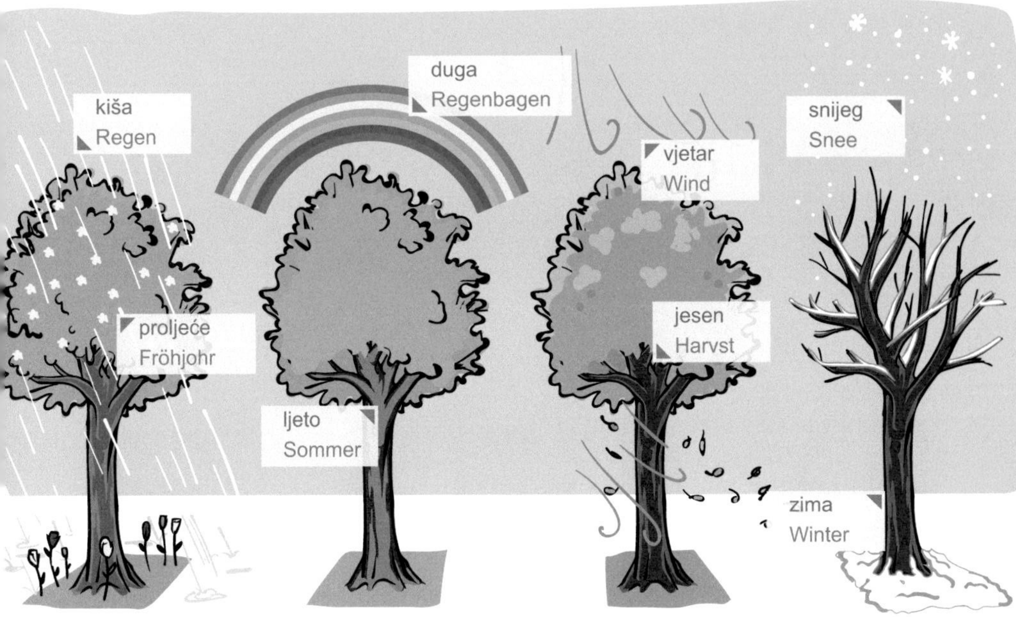

kiša
Regen

duga
Regenbagen

vjetar
Wind

snijeg
Snee

prolječe
Fröhjohr

jesen
Harvst

ljeto
Sommer

zima
Winter

4.APRIL	11°	☀
5.APRIL	4°	☁
6.APRIL	13°	☂
7.APRIL	8°	❄
8.APRIL	10°	☀

prognoza vremena

Wedervörhersaag

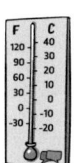

termometar

Thermometer

sunčev sjaj

Sünnenschien

oblak

Wulk

magla

Nevel

vlažnost vazduha

Luftfuchtigkeit

munja

Blitz

grom

Dunner

oluja

Storm

tuča, led

Hagel

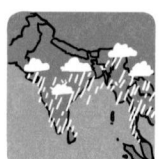

monsun

Monsun

poplava

Floot

led

les

januar

Januormaand

februar

Februormaand

mart

Martmaand

april

Aprilmaand

maj

Maimaand

juni

Junimaand

juli

Julimaand

avgust

Augustmaand

septembar

Septembermaand

oktobar

Oktobermaand

novembar

Novembermaand

decembar

Dezembermaand

krug

Krink

kvadrat

Quadrat

pravougao

Rechteck

trougao

Dreeeck

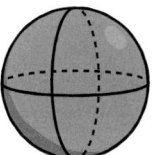

kugla

Kugel

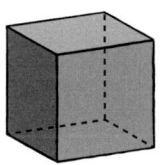

kocka

Wörpel

bjel

witt

žut

geel

narandžast

orangsch

pink

pink

crven

root

ljubičast

lila

plav

blau

zelen

gröön

smeđ

bruun

siv

gries

crn

swart

malo / mnogo

veel / wenig

ljutit / miran

böös / verdreeglich

lijep / ružan

smuck / mies

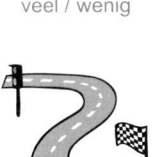

početak / kraj

Begünn / Enn

veliki / mali

groot / lütt

svijetlo / tamno

hell / düüster

brat / sestra

Broder / Süster

čist / prljav

schier / schietig

potpun / nepotpun

kumpleet / nich kumpleet

dan / noć

Dag / Nacht

mrtav / živ

doot / lebennig

široko / usko

breet / small

ukusno / neukusno

geneetbor / nich geneetbor

zao / prijatan

böös / fründlich

uzbuđen / dosadan

fickerig / langwielt

debeo / mršav

dick / dünn

najprije / najkasnije

toeerst / toletzt

prijatelj / neprijatelj

Fründ / Fiend

pun / prazan

vull / leddig

trvd / mekan

hart / week

težak / lagan

swoor / licht

glad / žeđ

Smacht / Döst

bolestan / zdrav

krank / gesund

ilegalan / legalan

nich na't Recht / na't Recht

inteligentan / glup

klook / dummerhaftig

lijevo / desno

linkerhand / rechterhand

blizu / daleko

neeg / feern

nov / polovan

nieg / bruukt

ništa / nešto

nix / wat

star / mlad

oolt / jung

uključeno / isključeno

an / ut

otvoreno / zatvoreno

apen / slaten

tiho / glasno

lies / luut

bogat / siromašan

riek / arm

tačno / pogrešno

richtig / verkehrt

hrapav / glatak

ruug / glatt

tužan / srećan

trurig / glücklich

kratak / dug

kort / lang

spor / brz

suutje / flink

mokro / suho

natt / dröög

toplo / hladno

warm / köhl

rat / mir

Krieg / Freden

0

nula

null

1

jedan

een

2

dva

twee

3

tri

dree

4

četiri

veer

5

pet

fief

6

šest

söss

7

sedam

söven

8

osam

acht

9

devet

negen

10

deset

teihn

11

jedanaest

ölven

12	13	14
dvanaest	trinaest	četrnaest
twölf	dörteihn	veerteihn

15	16	17
petnaest	šesnaest	sedamnaest
föffteihn	sössteihn	söventeihn

18	19	20
osamnaest	devetnaest	dvadeset
achtteihn	negenteihn	twintig

100	1.000	1.000.000
sto	hiljada	milion
hunnert	dusend	million

engleski

Engelsch

američki engleski

Amerikaansch Engelsch

kinesko mandarinski

Chineesch Mandarin

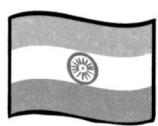

hindi

Hindi

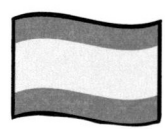

španski

Spaansch

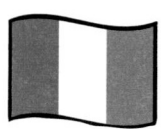

francuski

Franzöösch

arapski

Araabsch

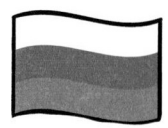

ruski

Rusch

portugalski

Portugiesch

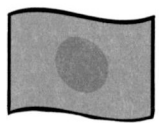

bengalski

Bengaalsch

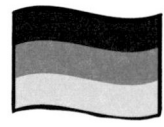

njemački

Düütsch

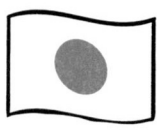

japanski

Japaansch

ja
ik

ti
du

on / ona / ono
he / se / dat

mi
wi

vi
ji

oni
se

ko?
keen?

šta?
wat?

kako?
woans?

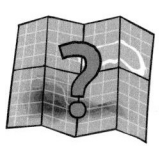

gdje?
woneem?

kada?
wannehr?

ime
Naam

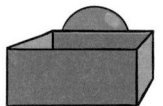

iza
....
achter

u
....
in

pred
....
vör

iznad
....
över

na
....
op

ispod
....
ünner

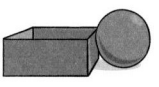

pored
....
blangen

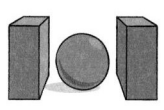

između
....
twüschen

mjesto
....
Oort